Sabine Asgodom

Der kleine
Konfliktlösungscoach
Frieden schaffen in meiner Welt

Mit Illustrationen von Kai Pannen

Kösel

Wenn uns Menschen nerven _____ 8

Konflikte mit Nachbarn _____ 16
»Nächstes Mal zerkratz ich dem das Auto!«

Konflikte unter Geschäftspartnern _____ 19
»Mit der kann ich nicht arbeiten!«

Konflikte beim Zusammenziehen _____ 22
»Ihre Unordnung macht mich wahnsinnig«

Konflikte in der Familie _____ 24
»Onkel Hans ist ein Nervtöter«

Konflikte im Straßenverkehr _____ 27
»Sind heute wieder nur Bekloppte unterwegs?«

Konflikte mit der Schwiegertochter _____ 30
»Ich möchte meine Enkelkinder sehen«

Konflikte mit dem Chef _____ 32
»Er ärgert mich dauernd!«

Konflikte unter Geschwistern _____ 34
»Mein Bruder ist so neidisch!«

Konflikte unterwegs _____ 36
Jammern auf Rädern

Konflikte mit Freunden _____ 38
»Erika ist ein Ekel!«

Konflikte mit dem Ehepartner _____ 40
»Und der war mal verrückt nach mir!«

Konflikte zwischen den Kulturen _____ 42
Kleinkrieg im Treppenhaus

Schaffe Frieden in deiner Welt! _____ 44

Wenn uns Menschen nerven

Neulich war ich traurig. Die Zeitung war wieder einmal voller Kriegs- und Krisenmeldungen. (Ich gehöre nicht zu den Menschen, die lieber keine Nachrichten hören und lesen, damit sie keine schlimmen Meldungen mitbekommen.) Am Nachmittag besuchte ich meine Tochter mit ihrer Familie. Meine Enkelkinder strahlten mich an, wir spielten und freuten uns aneinander. Abends ging ich mit meinem Mann spazieren, es war so friedvoll. Wir trafen unsere netten Nachbarn von gegenüber und grüßten uns herzlich.

Wieder einmal wurde mir klar: Wir können an den Kriegen und Krisen in dieser Welt nichts ändern, nicht mal, wenn wir UNO-Generalsekretär wären. Kriege gibt es und wird es wohl immer geben. Aber wir können etwas für den Frieden in unserer kleinen Welt tun — im Umgang mit Familie, Freunden, Nachbarn, Kollegen. Wir können aktive Krisenintervention betrei-

ben, mutig und vorausschauend. Und wir können aktiv für unseren eigenen Seelenfrieden sorgen.

Stellen Sie sich vor, Sie hätten einen Schwager. Und dieser Schwager hätte vor Monaten eine böse Bemerkung über Sie gemacht. Jedes Mal, wenn Sie ihn sehen, schmerzt der Stachel der Verletzung. Wie konnte er nur? Warum hat er nur? Was für eine Unverschämtheit! Dieser Lümmel! Er war schon immer ein ungehobelter Kerl! Ich habe meiner Schwester gleich gesagt: »Mit dem wirst du unglücklich!« Wie der sich schon auf der Hochzeit aufgeführt hat …

Während sich Ihre Gedanken immer mehr verdüstern, während negative Emotionen Ihr Wohlbefinden beeinträchtigen, während Sie vor lauter Aufregung Magenschmerzen oder hohen Blutdruck bekommen — lebt Ihr Schwager einfach sein Leben. Er denkt keine Sekunde an Sie oder was er Ihnen vermeintlich irgendwann mal angetan hat. Also: Warum bestrafen Sie sich selbst?

Unsere Sprache sagt es schön bildhaft: »Ich ärgere mich.« Sie regen sich auf, Sie leiden, Ihr Körper reagiert mit Kopfweh oder Magenschmerzen, Lustlosigkeit oder Verdruss. Sie verleiden sich schöne Familienfeste, weil »der« ja auch da ist. Vielleicht gehen Sie aus diesem Grund gar nicht mehr zu solchen Festen. Damit schneiden Sie sich selbst immer weiter von einer möglichen Quelle von Herzlichkeit und Freude ab. Und irgendwann überträgt sich der Ärger über den Schwager auf Ihre Schwester, Ihre Eltern, die Kinder dieses Grobians …

Ach, Sie haben gar keinen Schwager? Oder Ihr Schwager ist ein grundgütiger, wunderbarer Mensch? Freuen Sie sich. Die Botschaft haben Sie aber trotzdem verstanden: Wir lassen uns von anderen ärgern, verletzen, kränken, nerven; wir nehmen übel, tragen nach — und schaden dabei immer uns selbst.

»Ja, aber die Menschen, die sind doch so«, mögen Sie jetzt einwenden. »Ich selbst bin ja ein total friedfertiger Mensch, ich tue niemandem etwas zuleide. Aber die anderen stören doch meinen Seelenfrieden. Sie ätzen und sind neidisch, sie sind egoistisch, denken nur an sich. Sie machen sich breit und nehmen mir etwas weg, sind rücksichtslos und unverschämt. Wenn alle so wären wie ich, wäre die Welt ein friedlicher Ort.« Hm. Ja. Vielleicht. Okay.

Überlegen Sie einmal kurz, welche Art Menschen Sie am meisten nervt. Was haben diese Menschen, wie führen sie sich auf, was tun sie oder tun sie nicht? Wenn Sie Lust haben, schreiben Sie Ihre Überlegungen gleich hier auf:

Haben Sie einmal überlegt, welche Menschen uns am allermeisten nerven? Die Antwort ist verblüffend einfach: die, die anders sind als wir selbst. Ja, schauen Sie mal auf Ihre Liste:

- Regen Sie sich über Menschen auf, die unpünktlich sind? Ich wette, Sie selbst legen großen Wert auf Pünktlichkeit.
- Sie können Schaumschläger und Angeber nicht ausstehen? Ich wette, Sie selbst stellen Ihr Licht eher unter den Scheffel.
- Langsame Menschen regen Sie auf? Bestimmt sind Sie selbst schnell in der Birne und machen mal schnell dies und das und jenes.
- Sie geraten mit rücksichtslosen Menschen in Konflikte? Sie selbst nehmen wahrscheinlich möglichst Rücksicht auf die Bedürfnisse anderer.

Oh ja, da bin ich völlig bei Ihnen. Geht mir genauso. Ätzend, diese Unarten! Unmöglich, diese Menschen! Bevor wir uns gegenseitig unsere moralische Überlegenheit um die Ohren hauen, lieber ein kleiner Ausflug in die Psychologie, also das Wissen vom Menschen. Dort gibt es drei Grundannahmen, die wir uns auf der Zunge zergehen lassen können:

- In gewisser Weise ist jeder Mensch wie die meisten anderen Menschen. Haben Sie heute Morgen nicht auch Ihre Zähne geputzt?

- In gewisser Weise ist jeder Mensch wie einige andere Menschen. Mögen Sie Feldhockey oder Synchronschwimmen?
- In gewisser Weise ist jeder Mensch wie kein anderer Mensch. Stimmt.

Für mich war die folgende Erkenntnis ein Riesensprung zum inneren Seelenfrieden: Ich bin gar nicht das »Urmuster« der Schöpfung. Und meine Prägungen durch Familie oder Erziehung sind anders als die anderer Menschen. Ich habe andere Werte als andere Menschen. Andere haben andere Vorstellungen vom Leben als ich.

Ach, guck!

Meine Erkenntnis daraus (die Sie gern übernehmen können): Ich muss mich gar nicht über »die anderen« aufregen. Ich kann akzeptieren, dass andere Menschen anders sind als ich selbst, dass sie anders denken und anders handeln. Und ich bin deswegen nicht besser als sie – nur anders. Puh, das muss man erst einmal verdauen. Wie wär's mit einer Tasse Kaffee oder Tee darauf?

Na schön, Frau Philosophin, denken Sie vielleicht, was mache ich, wenn ich mit weniger erleuchteten Menschen zusammenrumpele? Wenn andere meinen seelischen Vorgarten rücksichtslos zertrampeln? Wenn andere Streit suchen, mich immer wieder kränken, mir das Leben zur Hölle machen? Soll ich alles einfach hinnehmen und immer nur lächeln?

Nein, heißt meine Antwort. Da hätte ich etwas anderes im Angebot: Wie wäre es mit dem Mittel der **kreativen Konfliktlösung**? Klingt kompliziert? Ist es nicht. Mein einfaches Rezept für Glück und Seelenfrieden: jede Menge Gehirnschmalz, viel Humor, ein bisschen Großzügigkeit, Lust am Spielen, verzeihen können, eine Prise Überraschung – ach ja, und die Backform sorgsam mit Menschenliebe einreiben.

Menschenliebe, überhaupt Liebe in jeder Form, ist eine Grundvoraussetzung, um unseren Seelenfrieden zu finden. Das haben Menschen immer schon gewusst. Aus der fast 3000 Jahre alten indischen Schrift Upanishaden stammt diese heute noch genauso geltende Erkenntnis:

- Pflicht ohne Liebe macht verdrießlich.
- Verantwortung ohne Liebe macht rücksichtslos.
- Gerechtigkeit ohne Liebe macht hart.
- Wahrheit ohne Liebe macht kritisch.
- Erziehung ohne Liebe macht widerspenstig.
- Klugheit ohne Liebe macht gerissen.
- Freundlichkeit ohne Liebe macht heuchlerisch.
- Ordnung ohne Liebe macht kleinlich.
- Sachkenntnis ohne Liebe macht hochmütig.
- Besitz ohne Liebe macht geizig.
- Glaube ohne Liebe macht fanatisch. *

* Aus den Upanishaden, einem Teil der Heiligen Schrift des Veda, Indien, ca. 700 vor Christus

Und ich möchte ergänzen: Recht haben ohne Liebe macht einsam. Deshalb also kreative Konfliktlösungen! Sie haben zum Ziel, die Beziehung mit Menschen um Sie herum zu pflegen und zu verbessern. Sie selbst sind das beste Mittel, damit es Ihnen trotz aller Widrigkeiten, ausgelöst durch andere Menschen, gut geht. Damit Sie Stress loslassen, Ihr Gemüt sich erhellt, Sie Raum für gute Gedanken und volle Kraft zum Leben bekommen. Dazu kann auch die Erkenntnis beitragen: »Niemand tut etwas ohne Grund.«
Dabei geht es nicht darum, es allen Menschen recht machen zu wollen oder auch noch »die linke Backe hinzuhalten«. Es geht nicht um »zu Kreuze kriechen« oder »schön Wetter machen«. Sondern es geht um das, was der griechische Philosoph Epikur zu einem der bedeutendsten Lebensziele erhob. Er nannte es »Ataraxie«. Was wie ein Rückenleiden klingt, bedeutet »absolute Seelenruhe«. Ich finde, allein das Wort beruhigt. Stellen Sie sich vor, jemand ärgert Sie und Sie antworten einfach lächelnd »Ataraxie« …
Was verbindet Epikurs Ataraxie mit kreativer Konfliktlösung? Es geht darum, die Lust am Leben auszukosten. Dies aber, ohne die »Ego-Sau« herauszulassen. Seelenfrieden schließt gute Beziehungen zu anderen

Menschen ein. Und auf diesem Weg strahlt die Lust am Leben positiv in die Welt aus. Ein Beispiel aus meinem früheren Leben:

Ich hatte mal in lockerer Runde mit Kolleginnen über einen nicht anwesenden Kollegen gelästert. Wir haben an diesem Abend sehr gelacht. Aber immer, wenn ich danach den Kollegen getroffen habe, hatte ich ein schlechtes Gewissen. Ich habe überlegt, ob ihm vielleicht jemand von meinen hässlichen Bemerkungen erzählt hätte. Ich suchte in seinem Gesicht nach Anzeichen dafür und fühlte mich mies. Irgendwann beschloss ich, etwas zu ändern. Ich ging lächelnd auf meinen Kollegen zu und sagte: »Ich möchte mich bei Ihnen entschuldigen, ich habe vor einiger Zeit einige unschöne Bemerkungen über Sie gemacht, es tut mir leid.« Natürlich wollte er wissen, was ich gesagt hätte (aha, er hatte noch nichts davon gehört). Ich redete mich raus mit »Ach, olle Kamellen« und wechselte das Thema. Ab diesem Zeitpunkt konnte ich ihm wieder ohne schlechtes Gewissen und mit fröhlichem Herzen begegnen.

Ich bin fest davon überzeugt: Wenn Sie durch kreative Konfliktlösungen das Verhältnis zu Familie und Nachbarn, Kollegen oder Freunden verbessern können, wenn Sie Spannungen abbauen, das Klima entspannen, Friedenstauben aufsteigen lassen, dann profitiert auch die Welt von Ihrer souveränen Haltung. Stellen Sie sich vor, es gäbe Millionen friedfertiger Mitmenschen mehr – unser aller Leben würde leichter und fröhlicher werden.

DIE KIESELSTEIN-STRATEGIE

Manchmal wird aus einem winzig kleinen Kieselstein des Ärgerns ein riesiger Felsbrocken, der jegliche Kommunikation verhindert. Damit Sie dieses Drama vermeiden, sprechen Sie Menschen auf Dinge an, die Sie stören. Drei Grundregeln dafür:

- sofort,
- offen,
- freundlich.

»Mir gefällt nicht, wie du mit mir redest …« ist eine klare Botschaft, und Ihr Gegenüber kann reagieren. »Es hat mich geärgert, dass du …« – und schon gibt es die Möglichkeit, Unstimmigkeiten auszuräumen. »Ich möchte nicht …« – klare Ansage, über die man sprechen kann.

So räumen Sie kleine Kieselsteine sofort aus dem Weg, damit diese gar nicht erst ins Rollen kommen und sich zum trennenden Felsbrocken entwickeln.

»Warum muss immer ich den ersten Schritt machen?«, fragen Sie vielleicht ein bisschen trotzig, weil Sie es satt haben, immer nachgeben zu sollen. »Ich hab doch nicht angefangen.« Oder noch besser: »Ich bin doch im Recht!« »Wer recht hat, gibt einen aus!«, hat mir mein Ehemann, Diplom-Psychologe Siegfried Brockert, beigebracht. Ich habe die Lektion kapiert: Was hilft es uns, recht zu haben, wenn wir uns selbst damit das Leben vermiesen?

Sie wissen vielleicht, dass ich als Trainerin und Coach arbeite. Was machen Coaches? Sie arbeiten mit Menschen an Lösungen – um Wünsche umzusetzen, Ziele zu erreichen und um Probleme zu lösen. Zum Beispiel Konflikte im Umgang mit Mitmenschen. Der ständige Ärger mit Nachbarn nervt, der Chef hat eine kränkende Bemerkung gemacht, in der Familie gibt es Unfrieden – Kieselsteine werden zu Felsbrocken. Als Coach kann ich helfen, mit wenigen kreativen Ideen Ärger aufzulösen und Dramen zu verhindern.

Warum lassen sich Menschen mit Konflikten von jemand Wildfremdem coachen? Weil oft erst ein unbeteiligter Dritter den Perspektivwechsel ermöglicht: raus aus der Rolle der Gekränkten, der Verärgerten, der Übelnehmenden! Jemand, der ihnen helfen kann, Abstand zur Situation zu bekommen, die Dinge aus einer anderen Richtung zu sehen, den »Draufblick« auf die Situation zu ermöglichen, die Perspektive zu verändern. Und dies alles mit dem Ziel, Kleinkriege zu beenden und Scharmützel zu stoppen. Für den Weltfrieden können Sie vielleicht wenig beitragen, für den Frieden in *Ihrer* Welt alles.

Das hat wenig mit »Der Klügere gibt nach« zu tun, sondern sehr viel mit »Der Klügere findet die Lösung«.

Es hat nichts mit »klein beigeben« zu tun, sondern damit, seinen Seelenfrieden zu finden, Ärger aufzulösen, Lebensfreude zurückzugewinnen.

Auf den nächsten Seiten möchte ich Ihnen anhand zwölf klassischer Situationen Ideen für kreative Konfliktlösungen geben – es geht um Situationen mit NachbarInnen, FreundInnen, Verwandten, Dienstleistern, Kindern, KollegInnen, ChefInnen. Ich werde Ihnen die im Coaching gefundene Lösung vorstellen und berichten, warum und vor allem wie sie die Situation entschärft hat. Viel Spaß!

Konflikte mit Nachbarn

»Nächstes Mal zerkratz ich dem das Auto!«

Marianne ärgert sich mindestens einmal die Woche darüber, dass Andreas, ein Nachbar in ihrer Straße mit lauter Reihenhäusern, sein Auto ein Stück in ihre Garageneinfahrt hinein parkt. Sie hat ihn schon ein paarmal darauf angesprochen, er hat auch Besserung gelobt, parkt aber immer wieder über die Grenze hinweg. Marianne möchte jetzt schärfer reagieren. Sie hat die Nase voll: »Das nächste Mal zerkratz ich dem die Fahrertür!« Geht natürlich gar nicht. Sie denkt darüber nach, ihren Anwalt ein Schreiben an Andreas aufsetzen zu lassen, in dem ihm rechtliche Schritte angedroht werden. Aber was bedeutet das für die zukünftige Nachbarschaft? Sie sucht nach einer friedfertigen Alternative.

Die Idee: Meckern hat nicht geholfen, Gewalt ist keine Lösung, die Drohung mit dem Anwalt kann böses Blut schaffen. Welche kreativen Möglichkeiten gäbe es, damit der Nachbar in Zukunft mehr Rücksicht nimmt? Zwei Möglichkeiten, die wir im Gespräch entwickeln, gefallen Marianne: Erstens könnte sie, wenn er tatsächlich mal rücksichtsvoll parkt, einen Zettel hinter seine Windschutzscheibe klemmen: »Danke!« Menschen mögen es, gelobt zu werden, und es verstärkt das positive Tun. Vielleicht hätte diese Methode Erfolg.

Die zweite, verblüffendere Möglichkeit gefällt Marianne aber noch besser: Wenn Andreas' Auto wieder einmal deutlich in ihre Garageneinfahrt hineinragt, klingelt sie bei ihm, setzt ihr nettestes Lächeln auf, überreicht ihm ihren Autoschlüssel und sagt: »Andreas, kannst du bitte mein Auto aus der Garage fahren? Ich habe Angst, dass ich beim Rückwärtsfahren dein Auto ramme, das steht ziemlich weit in unserer Ausfahrt.« Klingt nach Weibchen-Verhalten? Na und — wenn es strategisch hilfreich ist?! Beim ersten Mal wird der Nachbar sicher das Rausfahren übernehmen, auch um ihr großzügig zu zeigen, wie einfach es ist. Beim zweiten Mal macht er es vielleicht grollend. Beim dritten Mal kann sie mit einem Augenaufschlag sagen: »Wenn du weiter drüben parken würdest, könnte ich es allein schaffen.« Die Chance, dass er in Zukunft ordentlich parkt, ist ausgesprochen groß.

Das Ergebnis: Marianne hat beide Methoden kombiniert. Als Andreas' Auto mal wieder weit in ihre Ausfahrt reichte, hat sie tatsächlich bei ihm geklingelt und die Bitte-hilf-mir-Methode angewandt. Gönnerhaft hat er ihr das Auto herausgefahren. Als er am nächsten Tag korrekt vor seinem Grundstück

stand, hat sie ein »Danke«-Zettelchen an die Windschutzscheibe geklebt, mit Smiley.

Marianne berichtet: »Seither haben wir kein Problem mehr, er bemüht sich beim Parken, und wenn er tatsächlich mal wieder ein bisschen in unsere Einfahrt ragt, bin ich großzügig.«

DIE BITTE-HILF-MIR-METHODE

Diese Konfliktlösung ist besser als Meckern. Sie bewährt sich vor allem in der Nachbarschaft, wenn man nicht so recht warm wird miteinander oder die Kommunikation gestört ist.

Alle Menschen mögen es, wenn sie helfen können. Sie mögen es noch mehr, wenn wir ihr Expertenwissen oder Können auf irgendeinem Gebiet anerkennen. Darüber kommt man ins Gespräch und schafft eine gute Basis.

Die Nachbarin hat einen tollen Garten? »Könnten Sie sich bitte mal meine Rosen ansehen, Ihre blühen viel schöner. Was mache ich nur falsch?« – »Sie sind doch so ein guter Sportler. Ich möchte auch mit mehr Bewegung anfangen. Haben Sie einen Tipp für mich?«

Voraussetzungen: Souveränität und Großzügigkeit. Souveränität heißt, raus aus dem Trotz: »Was, den Trottel soll ich fragen ...?« Vielleicht erweisen sich die Nachbarn als ziemlich nett, wenn man mal mit ihnen ins Gespräch gekommen ist. Und: Wenn die Basis zwischen Menschen stimmt, dann kann man eher auch mal Ärger loswerden oder um Rücksicht bitten.

Konflikte unter Geschäftspartnern

»Mit der kann ich nicht arbeiten!«

Katrin und Veronika haben vor drei Jahren gemeinsam einen Weinhandel aufgebaut. Das Geschäft läuft ziemlich gut. Doch plötzlich sind sie über die zukünftige Ausrichtung ihrer Geschäftsidee so in Streit geraten, dass sie sich beide nicht mehr vorstellen können, die Firma zusammen weiterzuführen. Katrin will expandieren, Veronika sagt, sie braucht mehr Zeit für ihre Familie. Sie reden kaum mehr miteinander, verkehren weitgehend über Zettel, die sie sich gegenseitig hinlegen. Ihre Kunden spüren den Krieg unterschwellig und sind verschreckt, der Umsatz leidet.

Die Idee: Wenn zwei Menschen recht haben wollen, können wir davon ausgehen, dass beide auch (zumindest teilweise) recht haben. Ich habe mir deshalb im Coaching erst einmal die Eskalation des Streits erzählen lassen: Wer ist worüber sauer oder wütend? Beide Frauen haben sehr klar ihre emotionalen Verletzungen geschildert. Beide sind traurig und enttäuscht über die jeweils andere. Sie schaffen es aber, sich für einige Attacken zu entschuldigen und Entschuldigungen anzunehmen.

In einer emotional stark aufgewühlten Situation wird es als Niederlage angesehen, den beruflichen Wünschen der anderen zu folgen. Ich habe deshalb mein »Tertium-datur«-Prinzip angewandt (siehe nächste Seite). »Also, Katrin und Veronika, ob ihr eure Freundschaft retten könnt, wird die Zeit weisen. Ihr wollt aber die Firma retten, ist das euer wichtigster Wunsch?« Beide bejahen. »Nehmt einfach mal an, ihr hättet beide recht, wie sähe dann das weitere Vorgehen aus?« Wir schreiben eine Ideen-Sammlung ans Flipchart:

- Veronika verkauft ihren Geschäftsanteil an Katrin.
- »Wir trennen die Aufgaben, um uns weniger zu sehen.«
- Veronika verringert bei reduziertem Gehalt die Arbeitsstunden.
- Expansionspläne um zwölf Monate verschieben und dann noch einmal reden.

Das Ergebnis: Katrin und Veronika sprechen wieder miteinander. Die Verletzungen sind noch da, aber sie haben wieder ein gemeinsames Ziel: Der Weinhandel soll erfolgreich weitergehen. Sie beschließen, sachlich und zweckdienlich weiter zusammenzuarbeiten, Veronika mit niedrigerem Stundensatz, damit sie mehr Zeit für ihre Kinder hat. Katrin ist bereit, ihre Expansionspläne ruhen zu lassen.

(Übrigens: Nach einem Jahr hat Veronika ihren Anteil des florierenden Geschäfts an Katrins Lebensgefährten verkauft.)

DIE TERTIUM-DATUR-METHODE

»Tertium non datur« — es gibt *keine* dritte Möglichkeit, haben die alten Römer gesagt. Es ist oder es ist nicht, hieß die logische Behauptung. Also entweder — oder. Es gibt nur eine Wahrheit. In meiner Coaching-Praxis habe ich aber festgestellt, dass in der Beurteilung einer Situation zwei Menschen durchaus gleichzeitig recht haben können — jeweils aus ihrer Sicht der Dinge, also als subjektives Empfinden über das, was geschehen ist oder soll. Und das bietet eine Grundlage dafür, wieder ins kreative Handeln zu kommen.

In einem Konflikt bietet die Methode eine Einladung zur Versöhnung: »Wenn du recht hast, was bedeutet das für unser zukünftiges Handeln?« Menschen können die Wagenburg des Rechthabens leichter verlassen, wenn ihnen zugestanden wird, dass sie (zumindest subjektiv) ebenfalls recht haben.

Voraussetzungen: Wille zur Verständigung — die Methodik hilft nur, wenn beide wieder einen Weg zueinander finden wollen. Großzügigkeit, aushalten können, dass der andere vielleicht auch ein bisschen recht hat. Nur das Verlassen der Rechthaber-Position öffnet die Tür zur Verständigung.

ICH
HAB
RECHT

Konflikte beim Zusammenziehen

»Ihre Unordnung macht mich wahnsinnig«

Maximilian wohnt seit zwei Jahren mit seiner Freundin Coco zusammen. Er liebt sie sehr, nur eine Sache macht ihn wahnsinnig: Sie lässt, wo sie geht und steht, ihre Sachen liegen. Auf dem Stuhl im Schlafzimmer stapeln sich Kleider, überall in der Wohnung stehen ihre Schuhe herum, im Bad sind alle Abstellflächen von ihr mit Cremes, Lippenstiften, Nagellackentferner und

gebrauchten Wattepads belegt. Maximilian stört dieses Chaos mehr, als er es ihr gegenüber je zugegeben hat.

Die Idee: In einer Seminarpause erzähle ich Maximilian von einer Erfahrung in meiner Ehe. Mein Mann hatte mir mal geraten: »Sag einfach, bitte tu es mir zuliebe, und ich werde es für dich tun.« Ich rege an, dass Maximilian seiner Freundin freundlich und ohne Vorwurf sagt,

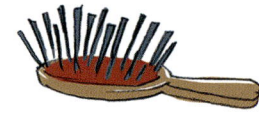

dass die Unordnung ihn stört, dass er sich nicht wohlfühlt, wenn ihre Sachen überall herumliegen. Und dann soll er den Zaubersatz folgen lassen: »Kannst du bitte mir zuliebe aufräumen?«

Das Ergebnis: Eine Woche später bekomme ich eine Mail von ihm:

»Ich habe es Coco gesagt. Und ich habe es nicht fassen können: Ich komme drei Tage später nach Hause – und sie hat alles aufgeräumt. Es liegt wirklich nichts mehr herum. Es ist unglaublich, dass so ein kleiner Satz so viel bewirken kann.« Tja, ein Zaubersatz eben.

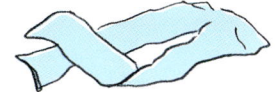
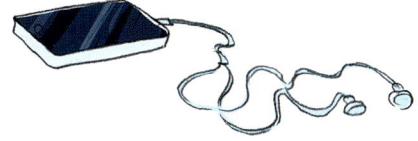

DIE MIR-ZULIEBE-BITTE

Wir glauben oft, dass wir nur tüchtig argumentieren müssten, dann würde der andere schon Einsicht zeigen. Aber was, wenn die Ordnungs-Toleranz unterschiedlich ausgeprägt ist? Wenn der andere andere Vorlieben und Wichtigkeiten ausgeprägt hat? Wenn ihm zum Beispiel Pünktlichkeit weniger wichtig ist als uns?

Mir zuliebe

Wenn er eigentlich kein Frühstück braucht, sie aber die gemeinsame Viertelstunde am Morgen genießt? Dann hilft die Mir-zuliebe-Bitte.

Voraussetzungen: Verständnis und Wohlwollen. Und der sparsame Einsatz, damit der Wunsch nicht zur Floskel wird.

Konflikte in der Familie

»Onkel Hans ist ein Nervtöter«

Patrick liebt seine Patentante Margret. Margret ist 54, witzig und herzlich, aufgeschlossen und klug. Er würde sie sehr gern viel öfter besuchen, denn sie hatten immer Spaß miteinander. Auch wenn er mal Liebeskummer hatte, war sie eine wunderbare Trösterin (und hielt immer eine Tasse heiße Schokolade bereit). Aber Tante Margret ist seit 27 Jahren mit Onkel Hans verheiratet, der ist ein »absoluter Nervtöter«, wie Patrick sagt. Maulfaul, unhöflich, und wenn er überhaupt einmal etwas sagt, äußert er komische Ansichten über die Welt.

Die Idee: Patrick würde sich selbst schaden, wenn er seine Lieblingstante seltener sehen würde, nur weil er den Onkel nicht mag. Er beschließt, die Ja-aber-Technik auszuprobieren, um seine Sichtweise zu differenzieren. Er achtet beim nächsten Besuch besonders auf den Onkel und erkennt einige überraschend positive Seiten:

- Ja, Onkel Hans hat komische Ansichten, aber er liebt Tante Margret offensichtlich und war ihr immer treu, wie sie mir versichert.
- Ja, Onkel Hans ist maulfaul, aber er zieht sich überraschend diskret zurück, wenn ich etwas mit Tante Margret zu besprechen habe.
- Ja, Onkel Hans pusselt gern an seiner Modelleisenbahn herum, aber er hat mich immer damit spielen lassen, als ich klein war.

Das Ergebnis: Patrick unterhält sich jetzt öfter mal mit Onkel Hans und stellt fest, dass nicht alles dumm ist, was der Onkel sagt. Und neulich hat er mal wieder einen ganzen Nachmittag mit ihm die Eisenbahn fahren lassen. Er hat es geschafft, ein bisschen mehr Respekt für Onkel Hans zu entwickeln. Tante Margret freut's.

DIE JA-ABER-TECHNIK

Man kann sich die Menschen, mit denen man zu tun hat, nicht immer aussuchen. Durch die Konzentration auf positive Eigenschaften können wir aber das Verhältnis zu ihnen verbessern. Die wenigsten Menschen sind nur »Kotzbrocken« oder »Nervtöter«. Unsere Wahrnehmung hat aber irgendwann einen Filter eingesetzt, der eine andere Sicht und ein anderes Urteil gar nicht mehr zulässt. Es geht darum, diesen Filter auszublenden, um die einseitige Sichtweise aufzubrechen. Dies geschieht durch »Ja-aber-Sätze«, die beschreiben, was uns stört, und hinzufügen, welche positiven Eigenschaften wir entdecken, wenn wir aktiv darauf achten.

Einige Beispiele:

- Ja, mein Ehemann ist ein Lästermaul, aber er ist immer bereit, mir zu helfen, wenn ich ihn darum bitte.
  - Ja, der Mitarbeiter überschlägt sich nicht beim Arbeiten, aber was er tut, macht er sorgfältig.
    - Ja, meine Schwiegermutter nervt mich, aber sie ist jederzeit bereit, unsere Kinder zu hüten.

Voraussetzungen: Wir wollen ein besseres Verhältnis zu Menschen aufbauen, die wir nicht aus unserem Leben streichen können.

Konflikte im Straßenverkehr

»Sind heute wieder nur Bekloppte unterwegs?«

Meine Bekannte Mechthild fährt jeden Morgen quer durch die Stadt zu ihrer Arbeitsstelle. An den meisten Tagen regt sie sich fürchterlich über die anderen Verkehrsteilnehmer auf. Sie beschimpft Autofahrer, die die Spur wechseln wollen, herrscht Fußgänger an: »Nu mal los …« Sie schlägt wütend aufs Lenkrad, wenn vor ihr jemand zu langsam einparkt, sie hupt, wenn die Vorderleute nicht gleich bei Grün losbrausen.

Neulich hat sie ihr fünfjähriger Sohn auf der Fahrt zu den Großeltern gefragt: »Mama, sind das heute auch wieder alles Bekloppte?«

Mechthild ist geschockt. Sie möchte sich wirklich einen anderen Fahrstil aneignen, sie weiß nur nicht, wie. Ich sage ihr: »Mechthild, du bist nicht im Krieg, die anderen Fahrer sind nicht deine Feinde. Sie wollen auch nur von A nach B, wie du.«

Die Idee: Wir reden über die Möglichkeit, mal einen Tag lang so zu tun, als ob sie eine gelassene, rücksichtsvolle Fahrerin wäre. Nur einen Tag lang (schwer genug) – und danach entscheiden, ob sie sich umstellen kann und will.

Mechthild macht das kleine Experiment: Sie fährt an zwei Tagen nacheinander genau den gleichen Weg zur Arbeit. Am ersten Tag fährt sie wie immer super aggressiv, lässt niemanden einfädeln, fährt bei Dunkelgelb noch schnell in die Kreuzung hinein, schimpft lauthals und hupt jeden an, der nicht bei drei aus dem Weg ist. Meine Vorgabe: »Stopp die Zeit: Wie lange brauchst du für deinen Weg?« Mechthild notiert: 29 Minuten.

Am zweiten Tag fährt sie, als wäre sie der Kavalier der Straße: Sie winkt andere Autos freundlich aus der Seitenstraße, vor ihr einzuscheren. Sie wartet geduldig hinter einparkenden Autos. Sie bremst an Kreuzungen rechtzeitig ab und wartet auch bei Grün, wenn die Kreuzung nicht frei ist. Sie lässt Fußgänger großzügig beim Abbiegen die Straße überqueren. Sie ist der Traum jedes Fahrlehrers. Da es ein Spiel ist, macht es ihr sogar richtig Spaß, wenn Autofahrer hinter ihr böse hupen. Wiederum stoppt sie die Zeit: 31 Minuten.

Das Ergebnis: Mechthild ist beeindruckt: Zwischen den beiden Fahrweisen liegen gerade mal zwei Minuten Unterschied! Ihre Ungeduld und ihr Drängeln helfen also gar nichts. Sie beschließt, ab sofort morgens fünf Minuten früher loszufahren, sodass sie sich ein bisschen Großzügigkeit leisten kann. Und ihr ist noch etwas klar geworden: Wenn sie sich aufregt, liegt das meistens an ihrer eigenen Angespanntheit – und nicht an den »reizenden« anderen Verkehrsteilnehmern.

DAS ALS-OB-SPIEL

Diese Methode besitzt einen ganz besonderen Charme. Sie ermöglicht es Ihnen, sich in einer anderen Rolle auszuprobieren. Verhalten Sie sich so,

- als ob Sie Ihren Kollegen mögen würden,
- als ob Ihre Nachbarin Ihre Freundin wäre,
- als ob Ihr Schwiegervater Sie respektieren würde,
- als ob Sie gerne in dem Unternehmen arbeiten würden,
- als ob Sie gelassen wären,
- als ob Ihnen die Arbeit mit dem Kunden Spaß machen würde.

Testen Sie die alternative Denkweise – für eine Woche, einen Tag oder auch nur eine Stunde. Um dann zu entscheiden, ob Sie in dieser Rolle gute Erfahrungen machen, die Ihnen Seelenfrieden schenken. Wenn es keine Brücke zu einer alternativen Handlungsweise gibt, hilft es Ihnen vielleicht, Entscheidungen zu treffen.

Voraussetzungen: Die Erkenntnis, dass wir andere Menschen nicht ändern können, sondern nur unsere Einstellung.

Konflikte mit der Schwiegertochter

»Ich möchte meine Enkelkinder sehen«

Das Verhältnis zwischen Gabi, 46, und ihrer Schwiegertochter Katja war nie gut. Ihr Sohn lässt sich beeinflussen, sagt die Mutter. Nun gibt es zwei Enkelkinder, ein und drei Jahre alt, und Gabi würde sie gern öfter sehen. Aber sie wird nie eingeladen, nicht zu Geburtstagen, nicht zu Weihnachten. Der Gram sitzt wie ein Stachel in ihrer Seele. In einem Gespräch am Rande eines Seminars erzählt sie mir von ihrem Kummer. »Haben Sie denn schon einmal mit Ihrer Schwiegertochter darüber geredet?«, frage ich. Nein, hat sie nicht, sie leidet still.

Die Idee: Reden hilft. Ich schlage ihr eine »Abrüstungskonferenz« mit offenem Visier vor. Nach anfänglicher strikter Ablehnung gefällt ihr die Idee dann doch. Sie beschließt, Schwiegertochter und Sohn zum Essen einzuladen (ohne Kinder, die andere Oma kann ja aufpassen): »Ich möchte etwas mit euch besprechen« — mehr sagt sie nicht. Die

Kinder nehmen die Einladung in ein feines Restaurant tatsächlich an.

Wir haben besprochen, dass Gabi von Anfang an ihre Anteile an der verfahrenen Situation hervorhebt. Sie bittet Katja ganz ehrlich um Beispiele, womit sie sie verärgert hat. Sie schafft es, sich die massiven Vorwürfe äußerlich ruhig anzuhören, dass sie beispielsweise auf der Hochzeit gegenüber Verwandten geäußert habe, dass sie sich eine bessere Frau für ihren Sohn gewünscht hätte. Gabi erinnert sich nicht an solche Gespräche, aber gedacht hatte sie das tatsächlich.

Sie schafft es, mit Tränen in den Augen, die Schwiegertochter um Entschuldigung zu bitten, sagt, dass es ihr leid tut, dass sie so unachtsam war. Dann spricht sie ziemlich ruhig aus, was sie ihrerseits geärgert hat. Sie redet dabei über ihre Gefühle und versucht, Anklagen zu vermeiden.

Das Ergebnis: Das allererste Mal in fünf Jahren haben Gabi und ihre Schwiegertochter ernsthaft und offen miteinander geredet. Der Sohn hält sich wie immer raus. Zum Abschied umarmt Katja Gabi. Und Gabi nimmt das als Friedensangebot. Sie sind wieder im Gespräch.

DIE ABRÜSTUNGSKONFERENZ

Die »Abrüstungskonferenz« bietet eine große Chance, den Felsbrocken von der Kommunikations-Straße zu rollen. Reden hilft! Ohne Anklagen, sondern mit der Offenheit für Gefühle. Nachfragen, »womit habe ich dich verärgert, gekränkt, verletzt?« Meistens haben wir selbst Anteile an der verfahrenen Situation. Oder wir erfahren endlich, was andere erzählt, dass sie uns vielleicht sogar verleumdet haben. Alles darf auf den Tisch. Und dann geht es um die Schaffung von Frieden: Wenn ich dich verletzt habe, bitte ich dich um Verzeihung. Wenn dich etwas stört, bitte sag es mir gleich.

Voraussetzungen: Diplomatie, das heißt äußerste Behutsamkeit. Und die Fähigkeit, aushalten zu können, angegriffen zu werden, ohne sofort zurückzuschlagen.

Konflikte mit dem Chef

»Er ärgert mich dauernd!«

Hannelore hat ihr Büro neben dem Büro ihres Chefs. Wenn er im Flur an ihrer offenen Tür vorbeigeht, schaut sie reflexartig auf. Jedes Mal mahnt ihr Chef dann: »Lächeln, Frau Müller!« Sie hasst diese Bemerkung und hat sooo einen Hals. Sie schimpft: »Ich sitze am Schreibtisch und arbeite intensiv, wie kann ich dann jedes Mal grinsen, wenn er vorbeigeht?« Sie möchte mit ihm ein ernstes Klärungsgespräch führen: »So geht das nicht weiter!«

Die Idee: Ich halte das Gespräch für den zweitbesten Weg und biete ihr eine kreative Konfliktlösung an, eine ziemlich schräge, ehrlich gesagt. Wie wäre es, wenn sie ein Foto heraussucht, auf dem sie lächelt? Sie vergrößert

es auf Kopfgröße, schneidet es aus und klebt es auf eine runde Pappe. Wenn der Chef das nächste Mal vorbeigeht, hebt sie einfach das Foto hoch und arbeitet weiter. Hannelore schaut mich ungläubig an.

Meine ich das ernst? »Also, ich würde es mal ausprobieren!«

Das Ergebnis: Zwei Wochen später bekomme ich eine Mail von Hannelore: »Liebe Frau Asgodom, ich habe es gemacht. Ich habe ein Foto, auf dem ich lächle, vergrößert, ausgeschnitten und auf Pappe geklebt. Ich habe es hochgehoben, als mein Chef vorbeigegangen ist. Er hat sich weggeschmissen vor Lachen! Er ist zehnmal an diesem Tag hin- und hergelaufen. Dann kamen die Kollegen gucken. Ich habe stoisch mein Foto hochgehoben.« Hannelore war der Star.

DER HUMORSCHLÜSSEL

Wer mit anderen lacht, schießt nicht auf sie. Überraschen Sie Menschen auf kreative Weise. Tun Sie etwas, was niemand von Ihnen erwartet – mit entwaffnendem Humor. Lachen ist die beste Einladung zum Friedenschließen. Und wenn Sie sich dabei zum Affen machen – das beweist Selbstsicherheit und Souveränität.

Voraussetzungen: Humor und ein gewisses Maß an Souveränität.

Konflikte unter Geschwistern

»Mein Bruder ist so neidisch!«

»Seit wir von meinem Vater etwas geerbt haben, ist er unausstehlich!« Wenn Frank von seinem älteren Bruder Michael erzählt, schüttelt er nur noch den Kopf. Das Erbe war gleichmäßig unter den drei Geschwistern aufgeteilt worden. Frank und seine jüngere Schwester waren sehr zufrieden damit. Doch der Älteste war offensichtlich enttäuscht. Frank ist unglücklich, dass das vorher gute Verhältnis zum Bruder getrübt ist. Er möchte Michael einfach verstehen.

Die Idee: Ich versuche es mit einem Perspektivwechsel. Ich frage Frank: »Was würde Ihr Bruder mir wohl erzählen, wenn er hier sitzen würde? Versuchen Sie bitte, sich in ihn hineinzuversetzen, und sprechen Sie aus seiner Sicht.« Frank lässt sich darauf ein: »Michael würde wohl sagen, ich habe 15 Jahre mit meinem Vater zusammengewohnt, habe alles für ihn gemacht, den Garten, als er nicht mehr konnte, seine Reifen am Wagen gewechselt, habe ihn zum Arzt und ins Krankenhaus gefahren. Ich finde die Aufteilung des Erbes total ungerecht. Meine jüngeren Geschwister sind ja weggezogen. Wenn sie zu Besuch gekommen sind, wurden sie wie Besuch umsorgt. Und ich durfte das Bier aus dem Keller holen …«

Das Ergebnis: Frank wird mit seinem Bruder sprechen und ihm sagen, dass er versteht, dass dieser sich ungerecht behandelt fühlt. Er möchte aber auch seine Sicht der Dinge ansprechen: dass der Bruder zu einer supergünstigen Miete im Haus gewohnt hat, Haus und Garten nutzen konnte und die Geschwister sehr viel mehr fürs Wohnen und die Reisen zum Vater aufbringen mussten. Sein Ziel: »Ich möchte, dass wir wieder miteinander reden, wir haben uns als Kinder so gut verstanden. Ich möchte Frieden machen.«

DER PERSPEKTIVWECHSEL

Hinter vielen Konflikten stecken Enttäuschungen, Kränkungen, das Gefühl von Ungerechtigkeit. Da bietet der Perspektivwechsel die Chance, die Situation mal von der anderen Seite her zu betrachten. Ziel ist es, aus der Sicht des anderen zu reden, ob wir die Ansicht gerechtfertigt finden oder nicht. Dadurch wächst meistens die Bereitschaft, den Dialog wieder aufzunehmen, über den Tellerrand der eigenen Befindlichkeit hinauszuschauen.

Voraussetzungen: Der Wunsch, wieder ins Reden zu kommen, und die Bereitschaft, die Meinung des anderen zu hören und zu verstehen.

Konflikte unterwegs

Jammern auf Rädern

Hanna ist als Beraterin sehr oft unterwegs. Sie genießt das entspannte Reisen per Zug. Was sie aber total nervt, sind schlecht gelaunte Taxifahrer, egal,

in welcher Stadt. »Die erzählen dir jeden Mist, von der eigenen Scheidung oder warum alle Politiker Verbrecher sind, sie klagen über die Konkurrenz oder das Wetter. Egal, ob du's hören willst oder nicht.« Sie sucht nach einer Möglichkeit, wie sie Gespräche mit Taxifahrern vermeiden oder anders gestalten kann, damit die ihr auf der Fahrt zum Kunden nicht die Laune vermiesen.

Die Idee: Natürlich könnte Hanna Stöpsel ins Ohr stecken und so tun, als höre sie Musik. Oder die ganze Zeit telefonieren. Es gibt aber auch eine bewährte kreative Kommunikationsmethode für Fröhlichkeit. Wir können mit Bemerkungen und Fragen den Verlauf eines Gesprächs positiv beeinflussen — auch mit Taxifahrern. Ich habe mir schon vor Jahren angewöhnt, geschwätzige Taxifahrer zu fragen: »Sie könnten doch bestimmt ein Buch schreiben über Ihre Erlebnisse?« Der Fahrer nickt meistens. »Was war das Lustigste, was Sie jemals erlebt haben?«

Das Ergebnis: Hanna hat dieser Satz sofort gefallen. Sie hat ihn inzwischen schon ein Dutzend Mal ausprobiert. »Ich höre die witzigsten Geschichten, der Taxifahrer und ich lachen oft die ganze Fahrt. Und ich komme entspannt und fröhlich bei meinen Kunden an. Ganz oft habe ich im Small Talk gleich mal so eine Taxi-Geschichte erzählt, und schon ist auch der Kunde gut gelaunt.«

DIE AUFMERKSAMKEITSLENKUNG

Der amerikanische Psychologe David Cooperrider hat nachgewiesen, wie wir durch Fragen die Inhalte von Gesprächen beeinflussen können. Er sagt: »Menschen und Systeme bewegen sich in die Richtung, in die sie schauen. Wie kleine Kinder, die auf dem Fahrrad immer dahin fahren, wohin sie neugierig gucken.« Mit seiner Methode der »wertschätzenden Befragung« achtet man konsequent auf das Positive.

Für Gespräche heißt das: Die Fragen, die wir stellen, entscheiden darüber, welche Antworten wir bekommen. Das gilt für die Montagmorgen-Frage im Büro (»Was hast du Spannendes am Wochenende erlebt?«) wie für die Frage an das Schulkind, das gerade nach Hause kommt (»Erzähl mal, was gab es heute Lustiges in der Schule?«) und die

Abend-Frage an den Ehemann / die Ehefrau (»Na, worüber hast du dich heute gefreut?«). Probieren Sie's aus! Ich bin sicher, diese Art zu fragen macht manche Familientherapie überflüssig.

Voraussetzungen: Lust auf fröhliche Gespräche.

Konflikte mit Freunden

»Erika ist ein Ekel!«

Sonja ist vor elf Monaten zu ihrem Freund Achim gezogen. Er wohnt schon lange in einer Einfamilienhaussiedlung, bis vor einem Jahr mit seiner Frau. Sie hat ihn, auch wegen Sonja, verlassen. Achim hat einen fröhlichen Freundeskreis, der Sonja überwiegend positiv aufgenommen hat. Doch da ist Erika, die direkte Nachbarin von Achim und Sonja. Während Werner, ihr Mann, ausgesprochen herzlich ist, spricht Erika mit Sonja kein Wort. »Die ist einfach ein Ekel!«, sagt Sonja. »Ich scherze jetzt besonders mit Werner herum, um sie zu ärgern.« Ganz wohl ist Sonja dabei aber nicht, wie sie in einer Seminarrunde unter Frauen zugibt. Aber sie weiß einfach nicht, was Erika gegen sie hat.

Die Idee: Eine Einstellung »Die ist doof« ist leider der absolute Verständniskiller. Ich erinnere Sonja an den Satz »Niemand tut etwas ohne Grund«. Und ich frage in die Runde: »Was glaubt ihr, warum Erika so abweisend ist?« Es kommen verschiedene Ideen:

- Vielleicht ist sie krank.
- Vielleicht hatte sie selbst ein Auge auf Achim geworfen.
- Sonja erinnert sie an ihre Schwester, die sie nicht mag.
- Sie war bestimmt die beste Freundin der Ex von Achim und fühlt sich immer noch solidarisch mit ihr.

Bei diesem Satz nicken wir alle gleichzeitig, Sonja eingeschlossen. »Ja, das kann sein«, sagt sie nachdenklich. Und man sieht, wie es in ihrem Kopf arbeitet. »Ja, logisch, deshalb hasst sie mich so!« Wir überlegen gemeinsam, was sie tun kann, um den kalten Krieg mit Erika zu beenden.

Das Ergebnis: Sonja entschließt sich, Erika einfach mal unter vier Augen anzusprechen: »Erika, ich habe das lange nicht kapiert, aber Achims Ex ist deine Freundin, stimmt's? Es tut mir leid, was alles passiert ist.« Vielleicht ist das der Beginn eines Gesprächs und einer Annäherung. »Wenn nicht«, so Sonja nachdenklich, »dann verstehe ich wenigstens, warum sie mich nicht mag. Ich würde mich auch nicht mögen, wenn ich an ihrer Stelle wäre.« Und sie lächelt.

SCHWARMINTELLIGENZ

Für andere sind wir meistens klüger als für uns selbst. Deshalb ist es sinnvoll, andere zu fragen, wenn wir selbst nicht mehr weiterwissen. »Schwarmintelligenz« nennt man es, wenn man eine Gruppe bittet, kreative Ideen beizusteuern.

Voraussetzungen: Neugier auf Menschen und auf die Meinung von anderen. Offenheit für andere Sichtweisen. Zuhören und nicht immer gleich abwehren. Schauen, wo wir von anderen Menschen etwas lernen können.

Konflikte mit dem Ehepartner

»Und der war mal verrückt nach mir!«

Heidi ist seit 24 Jahren mit Hubert verheiratet. Sie langweilt sich in ihrer Ehe zu Tode, wie sie selbst erzählt. Früher hatten sie ganz viel unternommen, hatten viel Spaß mit den Kindern und mit Freunden. Aber die Kinder sind groß, und das Ehepaar unternimmt kaum noch etwas miteinander. Sie streiten oder schweigen sich an. Heidi weiß nicht, wie sie diese Ehe-Scharmützel beenden kann, um wieder Zugang zu Hubert zu finden. Sie möchte ihn nicht verlieren. »Wir wissen nicht mehr, wie man als Paar Spaß haben kann«, erkennt sie.

Die Idee: Heidi ist bereit, ihre Enttäuschung über ihren Mann zu überwinden und den ersten Schritt zu machen. Zu lange hat sie gewartet, dass Hubert wieder der aufmerksame, liebevolle Ehemann von früher wird. Heidi ist von der 5:1-Methode der Liebe beeindruckt, von der ich ihr erzähle. 5:1 heißt: Eheleute sagen und tun sich in einer guten Beziehung fünfmal so viel Nettes, Liebevolles, Wertschätzendes wie Negatives oder Kritisches. Heidi überlegt, was sie tun kann:

- Huberts Lieblingsessen kochen,
- Karten für ein Konzert besorgen,
- ihm seinen Lieblingspullover flicken, den sie im Keller versteckt hat,

- sarkastische Bemerkungen sein lassen,
- ihn im Vorübergehen berühren,
- sagen, dass sie sich freut, wenn er nach Hause kommt,
- sich öfter bedanken für das, was er erledigt,
- sich für das interessieren, was er tut.

Das Ergebnis: Heidi ist zuversichtlich und fröhlich, als wir uns verabschieden. Sie möchte die Initiative ergreifen, denn sie liebt ihren Mann immer noch. Ein halbes Jahr später schickt sie mir eine Postkarte aus Berlin: »Wir verbringen ein Wochenende in der Hauptstadt. Es geht bergauf. Tausend Dank.«

DIE 5:1-METHODE

Einer der berühmtesten Paarforscher der Welt, Professor John Gottman, hat die Mathematik der Liebe erforscht und ist dabei auf die 5:1-Methode gestoßen. Danach sagen sich Paare in einer guten Beziehung fünfmal so viel Liebevolles, Nettes, wie sie sich kritisieren. Wie kommt man zu mehr positiven Impulsen? Indem man sich zum Beispiel erinnert, was man in Zeiten der Verliebtheit getan hat, um dem anderen eine Freude zu machen, und daran anknüpft. Und indem man darauf achtet, Zynismus und Sarkasmus auszusperren.

Voraussetzungen: Achtsamkeit und die Bereitschaft, selbst den ersten Schritt zu machen. Die Glut der Liebe darf noch nicht völlig verlöscht, etwas Respekt für den anderen muss noch erhalten sein.

Konflikte zwischen den Kulturen
Kleinkrieg im Treppenhaus

Almaz ist vor 30 Jahren als fünfjähriges Mädchen mit ihrer Mutter als Flüchtling aus Ostafrika nach Deutschland gekommen. Die Eritreerin lebt seit Kurzem mit ihren zwei Kindern in einem Mehrfamilienhaus. Ihre beiden Jungs, sieben und neun Jahre alt, sorgen für Ärger mit den Nachbarn. Sie toben durchs Treppenhaus, sie poltern in ihrem Zimmer, sie streiten sich lautstark. Vor allem eine ältere Nachbarin beschwerte sich von Anfang an bei der Hausverwaltung. Almaz spricht mich nach einem Vortrag in Stuttgart an. Sie weiß nicht, wie sie den Kleinkrieg mit der Nachbarin beenden kann.

Die Idee: Ich kenne mich mit eritreischer Kultur ein bisschen aus und frage Almaz: »Machen Sie zu Hause auch ab und zu die eritreische Kaffeezeremonie?« Sie bejaht hocherfreut: »Kennen Sie die?« Ja, natürlich: Eritreische Mütter rösten Kaffee frisch, mahlen ihn und kochen in einer langwierigen Zeremo-

nie in einer bauchigen Tonkanne leckersten Mokka. »Können Sie sich vorstellen, Ihre Nachbarin zu so einer Kaffeezeremonie einzuladen, wenn gerade mal ein bisschen Ruhe herrscht?« Almaz: »Wenn sie die Einladung annimmt, natürlich.« Sie ist skeptisch.

Das Ergebnis: Almaz hat sich getraut, ihre Nachbarin einzuladen. Und die war offensichtlich neugierig genug, zuzusagen. Die beiden Frauen saßen zusammen, und es geschah, was immer bei der Zeremonie geschieht: Es werden Geschichten erzählt. Almaz erzählte von ihrer Heimat, der gefährlichen Flucht über den Sudan. Und plötzlich erzählte die Nachbarin vom Krieg und von ihrer Flucht – aus Schlesien als kleines Mädchen – und dem mühsamen Neuanfang als Fremde auf einem Bauernhof. Die beiden Frauen saßen stundenlang zusammen – und »Omi Else« ist heute fast ein Teil der Familie.

REDEN SCHAFFT NÄHE

Die allermeisten Menschen sehnen sich nach Frieden und einem ruhigen Leben, manche fühlen sich unverstanden und schlecht behandelt. Manche haben Angst vor dem Fremden, wissen nicht, wie umzugehen mit fremden Kulturen.
Das gilt für Menschen aus anderen Ländern genauso wie für die neue Kollegin im Büro, den neuen Kollegen in der Werkstatt, die neue Freundin unseres Vaters. Oft »fremdeln« wir am Anfang mit Menschen, die anders sind, die wir nicht gleich »lesen« können. Wenn wir den Mut finden, mit den »Neuen« zu reden, ihre Nähe zu suchen, weicht die Unsicherheit und es kann Vertrauen entstehen.

Voraussetzungen: Sympathische Neugierde für Menschen und Toleranz für Anderssein.

Schaffe Frieden in deiner Welt!

Vertrauen ist die Grundlage für gute Beziehungen –
in der Familie, im Freundeskreis, in der Arbeit, in der
Nachbarschaft, in unserer kleinen oder größeren
Welt, in der wir etwas ausrichten können.
Ich wünsche Ihnen, dass Sie erkennen, wann und
wo Sie Friedensstifter in Ihrer Welt sein können,
wie Sie Kieselsteine des Ärgers beseitigen und
etwas für Ihren Seelenfrieden tun können. Denn
so wird jede und jeder von uns »ein bisschen
Frieden« in die Welt ausstrahlen. Und davon
haben wir alle etwas.
Ich bedanke mich bei den Menschen, mit denen
ich kreative Lösungen in Konflikten erarbeiten
durfte, bei meinem Lektor Gerhard Plachta und
bei Siegfried Brockert, meinem wunderbaren
Ehemann.
Ich umarme Sie.

Ihre Sabine Asgodom

Die Autorin

Sabine Asgodom, Jahrgang 1953, ist eine bekannte Vortragsrednerin, Trainerin und Coach. 2010 wurde sie für ihr soziales Engagement (zum Beispiel in Eritrea) mit dem Verdienstkreuz am Bande der Bundesrepublik Deutschland ausgezeichnet. Seit 2012 bildet sie Coaches in der von ihr entwickelten Methode des »Lösungsorientierten Kurzcoaching« aus. Sie hat mehr als 30 Bücher geschrieben, im Kösel-Verlag sind unter anderem erschienen: *Lebe wild und unersättlich!*, *Das Glück der Pellkartoffeln*, *Die Frau, die ihr Gehalt mal eben verdoppelt hat*, *So coache ich*, *Das Leben ist zu kurz für Knäckebrot*, *Der süße Duft des Erfolgs*.

www.asgodom.de

Der Illustrator

Kai Pannen studierte Malerei und Film in Köln. Seit 1990 arbeitet er als Illustrator und Trickfilmer. Ein Schwerpunkt seiner Arbeit ist die Buchillustration. Für den Kösel-Verlag zeichnete er unter anderem die erfolgreichen Bücher mit dem Glücksschaf Oscar: *Kopf hoch*, *Nur Mut!*, *Viel Glück* und *Schlaf gut*. Kai Pannen lebt und arbeitet in Hamburg.

www.kaipannen.de

Verlagsgruppe Random House FSC® N001967
Das für dieses Buch verwendete FSC®-zertifizierte
Papier *Hello Fat Matt* liefert Condat, Le Lardin
Saint-Lazare, Frankreich.

Copyright © 2015 Kösel-Verlag, München,
in der Verlagsgruppe Random House GmbH
Umschlag: Weiss Werkstatt München
Umschlagmotiv und Illustrationen: Kai Pannen,
Hamburg, www.illustrationsbuero.de
Druck und Bindung: Mohn Media GmbH, Gütersloh
Printed in Germany
ISBN 978-3-466-31044-9

Weitere Informationen zu diesem Buch und unserem
gesamten lieferbaren Programm finden Sie unter
www.koesel.de